# ESTADOS UNIDOS

## Grandes SECRETOS para pequeños VIAJEROS

# SUMARIO

EN CUANTO SE SEQUE EL DESODORANTE...
LAS HAMBURGUESAS ME ONDULAN EL PELO
¡MIRA LO QUE HAGO!
BIG BOY

¡ME SIENTO LA MITAD DE LIGERA!

EH, TÚ, ¿QUIERES CASARTE?
HAWAII
LA Dodgers
I ♥ USA

**ESTO NO ES UNA GUÍA.** Y mucho menos un libro para padres.

**ES LA VERDADERA HISTORIA DE ESTADOS UNIDOS,** uno de los países más fascinantes del mundo.

En este libro leerás apasionantes relatos sobre el Salvaje Oeste, **carreras de cucarachas,** un enorme cañón y bodas en Las Vegas.

Descubre historias alucinantes sobre **barritas de chocolate** y estrellas de cine, reinas de la belleza y **pantalones vaqueros.** Hallarás astronautas, **gánsteres,** peregrinos e increíbles **perros heroicos.**

Este libro te mostrará unos **EE. UU.** que tus padres seguro que no conocen.

# GRANDES ESTADOS

En Utah las aves tienen preferencia en las autopistas. Antes los restaurantes de Kansas tenían prohibido servir tarta de cerezas con helado los domingos. Y en Texas hay un pueblo llamado Ding Dong. EE. UU. tiene 50 estados, todos con costumbres raras y maravillosas.

**Cifras asombrosas**
Alaska es el estado más grande. ¡Es más de tres veces mayor que Francia!

**Símbolos de los estados**
Los estados suelen tener aves, flores y canciones oficiales. Arizona tiene hasta un fósil oficial –no, no es tu abuela, es madera petrificada.

**Aquí hay pez encerrado**
Hawái es el único estado isleño. Tiene un diminuto pez oficial de nombre kilométrico: Humuhumunukukunukuapua'a.

**Las cuatro esquinas**
Thomas Jefferson no era cuadriculado pero sugirió dividir los estados occidentales de modo geométrico. En Four Corners (cuatro esquinas) estarás en Utah, Colorado, Arizona y Nuevo México a la vez.

**Los 13 primeros**
EE UU nació de 13 colonias originales. ¿Conoces sus abreviaturas? MA, NH, NY, RI, CT, NJ, DE, PA, MD, VA, NC, SC, GA.

**El juego de los nombres**
Massachusetts se apoda "Estado de la judía al horno", Montana "Estado del golpe en el dedo del pie" y Misuri... ¡"Estado del vómito"!

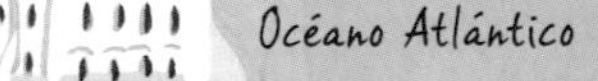


**Estado de indecisión**
El Distrito de Columbia (Washington, DC) es la capital. Hay quien cree que debería ser el estado 51º.

¿FALTA MUCHO?

Golfo de México

**Respuestas:** Massachusetts, New Hampshire, New York, Rhode Island, Connecticut, New Jersey, Delaware, Pennsylvania, Maryland, Virginia, North Carolina, South Carolina, Georgia.

Maine es el único estado de una sola sílaba ✯ www.50states.com/facts

# 'MADE IN EE UU'

Benjamin Franklin nació en Boston, Massachusetts, el 17 de enero de 1706. Destacó por su brillantez en todo lo que hacía y fue un experto en temas que iban desde cómo cultivar coles hasta cómo evitar la flatulencia o dar forma a la Declaración de Independencia. Fue escritor, diplomático, científico e inventor de muchos objetos prácticos.

**Siempre atareado**
A Ben los días se le quedaban cortos. Creó un sistema de correos, un cuerpo de bomberos, el primer hospital urbano de América y su primera biblioteca ambulante, y propuso el horario de verano para ahorrar energía. ¡Brillante!

## GRANDES INVENTOS DE FRANKLIN

Franklin fue uno de los mayores inventores de EE. UU. ¡Tuvo tantas ideas brillantes que debió de deslumbrarse a sí mismo!

- bifocales: para no cambiar de gafas para ver de cerca y de lejos
- pararrayos: para proteger los edificios de los rayos y los incendios que causaban
- brazo móvil: objeto desplegable para asir cosas en estantes altos
- estufa salamandra: emitía más calor y usaba menos combustible para calentar la casa
- silla escritorio: silla y mesa en uno
- aletas: aletas de madera para manos y pies para nadar más rápido
- cuentakilómetros: artefacto para medir la distancia que recorre un vehículo

Ben Franklin no quiso patentar sus inventos ni ganar dinero con ellos.

**Experimentos electrificantes**

Los primeros experimentos de Ben con la electricidad lo dejaron K.O. Una vez quiso liquidar a un pavo con una descarga eléctrica y se electrocutó él.

**Momentos musicales**

Ben creó un instrumento con boles de cristal ensartados en una vara. Al tocar el cristal con dedos húmedos, sonaba música. Mozart y Beethoven compusieron melodías para su "armónica de cristal".

## COSAS QUE CAMBIARON EL MUNDO

**Unidos por el sonido**

Alexander Graham Bell –vale, era escocés– obtuvo la patente americana de su teléfono en 1876. Su moderno invento causó tal sensación que mucha gente descolgaba el auricular y solo escuchaba.

**Alumbrando calles**

Thomas Alva Edison inventó muchas cosas, pero la bombilla eléctrica fue la más brillante. Las autoridades de Florida no mostraron muchas luces al rechazar su oferta de iluminar las calles de noche. ¡Creían que las vacas no dormirían con la reluciente iluminación de Edison!

**Siempre conectados**

Mark Zuckerberg fundó Facebook en su dormitorio de Harvard en el 2004. Al principio lo llamó Facemash (mezcla de caras).

MÁS INFO

Ben el inventor ✯ www.fi.edu/franklin/inventor

# LA BATALLA DE LA HIERBA GRASIENTA

Se llamaba Toro Sentado pero no se quedó sentado ante la injusticia. Este famoso chamán unió a los sioux y otras tribus de las Grandes Llanuras para que lucharan por salvar sus tierras y su modo de vida. En 1876 los nativos americanos vencieron al líder del ejército de EE. UU. George Custer y a 267 de sus hombres en menos de una hora. Muchos llaman a este combate la Batalla de Little Bighorn pero para los sioux fue la Batalla de la hierba grasienta.

**De Tejón Saltador a Toro Sentado**
Tejón Saltador nació hacia 1831 en Dakota del Sur. De niño lo hacía todo despacio y con cuidado. Tras mostrar su valor en una batalla, su padre lo llamó Toro Sentado.

**La chispa que prendió el fuego**
La Gran Guerra de los Sioux estalló en 1874, cuando Custer entró en la sagrada tierra sioux de Black Hills, Montana, en busca de oro.

¿A QUÉ VIENE TANTO SALTAR Y SENTARSE?

Custer murió en la batalla, que también se llama "La última batalla del general Custer".

**Una camisa superpoderosa**
Para luchar contra un enemigo dotado de armas de fuego hacían falta camisas a prueba de balas. Los sioux celebraban un baile ritual llamado Danza del Fantasma. Creían que dicha danza hacía de la camisa una prenda antibalas.

## POTENCIA DE CABALLOS

Cristóbal Colón dejó huella cuando topó con las Américas en la década de 1490. Llamó a sus nativos "indios" y, en su segundo viaje, llevó un nuevo animal a América, el caballo. En poco tiempo, los cheyennes, comanches y apaches ya cazaban a caballo por las Grandes Llanuras. Los sioux intercambiaron objetos por caballos hacia 1730 y se convirtieron en expertos guerreros montados.

¡AY, OJALÁ COLÓN HUBIERA TRAÍDO TAMBIÉN SILLAS!

Unos 2000 guerreros sioux y cheyennes se unieron para luchar.

**Juegos del hambre**
En la lucha de la década de 1800 entre los sioux y el ejército de EE. UU., este último mató muchos bisontes para que los sioux pasaran hambre y se rindieran.

MÁS INFO

¿Perdió los nervios el general Custer? ✯ www.nps.gov/libi/index.htm

# ¿EL ENEMIGO PÚBLICO Nº 1?

Según su tarjeta de visita era "vendedor de muebles usados", pero el gánster más buscado de América era el rey de turbios negocios y crímenes de los bajos fondos. Pese a su lado oscuro, vestía trajes alegres, llevaba un sombrero blanco inmaculado y lucía un cegador anillo con un diamante de 11,5 quilates. "El Gran Al" era un jefazo de la mafia, pero ¿fue un monstruo sin alma?

AL CAPONE
NOMBRE OFICIAL:
ALPHONSE GABRIEL
AL CAPONE

ALIAS:
CARA CORTADA (POR EL CORTE DE NAVAJA EN LA MEJILLA A RAÍZ DE UNA PELEA)

NACIMIENTO:
17 DE ENERO DE 1899
EN BROOKLYN, NY

DEFUNCIÓN:
25 DE ENERO DE 1947

CAUSA DE LA MUERTE:
COMPLICACIONES DE SALUD

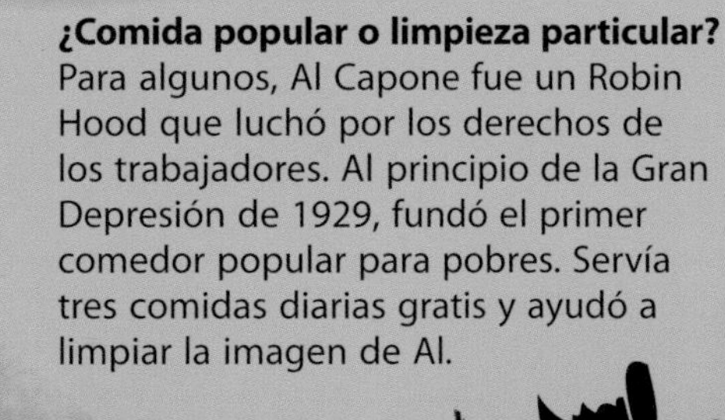

**¿Comida popular o limpieza particular?** Para algunos, Al Capone fue un Robin Hood que luchó por los derechos de los trabajadores. Al principio de la Gran Depresión de 1929, fundó el primer comedor popular para pobres. Servía tres comidas diarias gratis y ayudó a limpiar la imagen de Al.

Al final la Ley atrapó a Al Capone por evasión de impuestos.

## GÁNSTERS DE LECHE

Capone comerciaba con alcohol de contrabando pero también tenía una distribuidora de leche con su hermano, Ralph *Bottles* (Botellas) Capone. Durante la Gran Depresión, Capone donó millones de botellas de leche a escolares y Bottles luchó por que la ley obligara a estampar la fecha de caducidad en las mismas para que no se vendiera leche en mal estado.

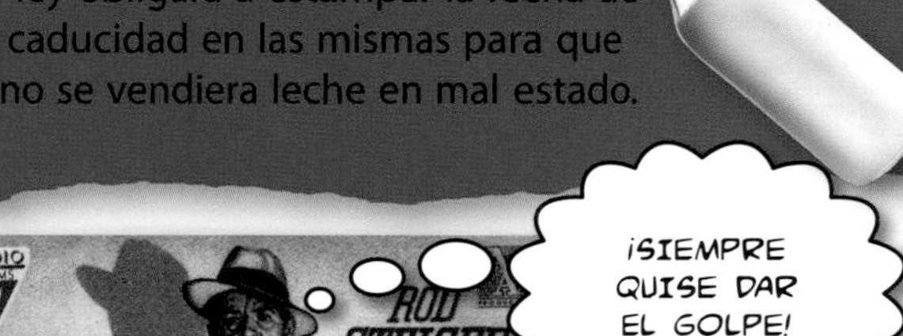

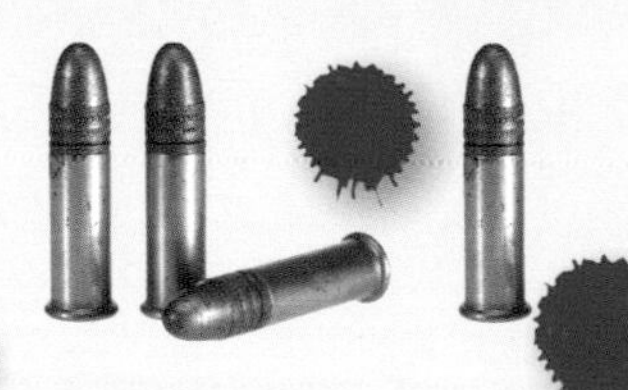

**Asesinato y masacre**
El 14 de febrero de 1929 una masacre asoló Chicago y el día de los corazones enamorados se convirtió en un día de corazones sangrantes. Se cree que Al ideó la operación. Miembros de su familia vestidos de policías aniquilaron a una banda rival.

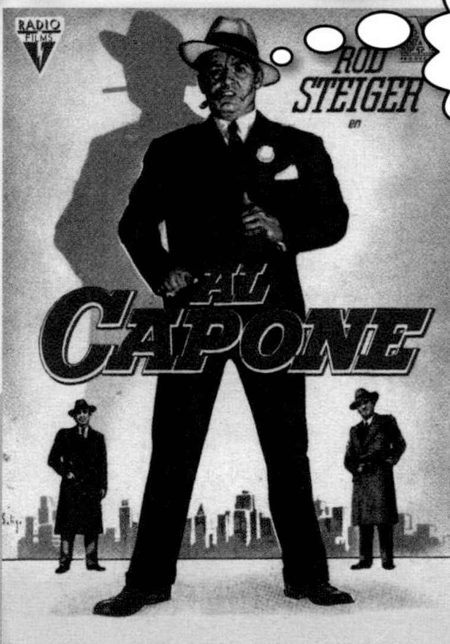


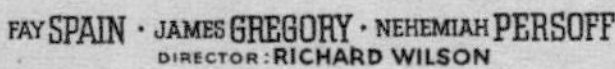

**Residente de La Roca**
Capone llevó la batuta hasta entre rejas. Mandó enmoquetar su celda de Atlanta y dotarla de radio para entretener a sus visitas, pero lo mandaron a la infranqueable y remota isla de Alcatraz para darle a probar una jaula más dura. ¿Se llamará Al-catraz por él?

MÁS INFO

Lee la historia secreta de gánsters y estafadores ✯ themobmuseum.org

# ACCIDENTES 100% AMERICANOS

¡Pum, psss, ahhh! La felicidad es que un invento accidental se convierta en lo que todos deseaban. En 1886 el farmacéutico John Pemberton elaboró una mezcla de ingredientes para crear un remedio para la jaqueca. Luego llevó una jarra de su jarabe a una farmacia del centro de Atlanta y allí le añadieron soda, se juzgó delicioso y se empezó a vender a 5 céntimos el vaso. ¡Desde entonces Coca-Cola es toda una sensación!

SOY EL DOCTOR PEMBERTON. ¡NO PRUEBES MI MEDICINA SI TIENES CARIES!

¿ES LA AUTÉNTICA?

Yes

¡Mmm! ¡Deliciosa y refrescante!

EL DOCTOR ENCENDIÓ FUEGO, COLOCÓ UN CUBO DE HIERRO Y ECHÓ NUECES DE COLA, HOJAS DE COCO, CAFEÍNA Y DEMÁS. ¡LUEGO LO REMOVIÓ TODO CON UN REMO!

**De**
**PUM a POM**
Walter E. Diemer era contable en una fábrica de chicles, pero un día dejó las cuentas y experimentó con recetas de chicles. Logró una sustancia gomosa más elástica y no muy pegajosa ¡con la que se podían hacer POMpas!

¡MUÉRDEME!

**La hora**
**de las galletas**
En 1930 la posadera Ruth Wakefield se quedó sin chocolate de repostería mientras hacía galletas. Troceó una tableta corriente y la añadió a la masa pensando que los trocitos se fundirían. Pero no lo hicieron, y así creó las galletas con trocitos de chocolate.

**Cómo enrollarse**
Los helados causaron tal sensación en la Exposición Universal de San Luis de 1904 que su vendedor se quedó sin platos. Un pastelero muy listo enrolló sus hojas de barquillo en forma de cono y creó el cucurucho.

## EL PARAÍSO DE LOS POLOS

En 1905 Frank Epperson, de 11 años, dejó toda la noche fuera un refresco que estaba haciendo y la bebida se congeló con el palo de remover dentro. ¿Le dieron de palos? ¡No, más bien se puso a vender sus polos!

MÁS INFO

**¡Haz tus polos!** ✯ **kids-cooking-activities.com/Popsicle-recipes.html**

# PANTALONES TEJANOS

¿Crees que tus vaqueros te hacen tan grande como una tienda o una diligencia? Eso es porque los primeros tejanos que Levi Strauss hizo para trabajar en los duros días de la fiebre del oro eran de una lona muy basta que se usaba para hacer tiendas y cubrir diligencias. Los mineros se quejaban de que se les rompían los pantalones y Levi les hizo unos recios monos de tela vaquera con remaches de cobre. Los Levi's nacieron en EE. UU. y han resistido el paso del tiempo.

¡LEVI STRAUSS ERA UN "TE-GENIO"!

**Este nombre tiene tela**
La ropa vaquera se llama así porque es la que usaban los vaqueros del Lejano Oeste. También se llama ropa tejana porque la vestían los vaqueros de Texas.

**En casa del herrero...**
Levi Strauss no llevó vaqueros en su vida. Era un rico empresario que fabricaba monos de tela vaquera para los obreros. Pero siempre se aseguró de que esta ropa fuera de la mejor calidad.

**Adolescentes con tejanos**
Gracias al actor James Dean, en la década de 1950 los tejanos se tomaron por símbolo de jóvenes libres y rebeldes. ¡Y se prohibió entrar en restaurantes, cines y escuelas a chicos con tejanos!

## ENTRE COSTURAS

- Cada año se venden en el mundo 2000 millones de tejanos (solo en EE. UU. unos 780).
- El 20 de mayo es el aniversario de los vaqueros. Dicho día Levi Strauss y Jacob Davis patentaron sus tejanos remachados en EE. UU.
- Los soldados de EE. UU. mostraron los tejanos al mundo en la Segunda Guerra Mundial. ¡Pero solo los llevaban fuera de servicio!
- En el 2005 un japonés compró unos vaqueros Levi's 501 de 115 años por 60 000 US$.
- Los Trashed Denim de Dussault Apparel son los tejanos más caros del mundo. Los adornan rubíes, diamantes y oro, y valen 250 000 US$.

Visita la sede de Levi's ★ www.levistrauss.com

# LOCOS POR EL ESPACIO

La fiebre espacial atacó EE. UU. en la década de 1960, pero el país no solo quería tocar las estrellas, sino pisar la Luna. En 1969 la NASA (Administración Nacional de Aeronáutica y del Espacio) mandó a los primeros hombres a la Luna. Desde entonces ha lanzado al espacio cohetes, satélites, lanzaderas y astronautas. Ha llevado astromóviles a Marte y a científicos a la Estación Espacial Internacional. Pero ¿cómo se vive con gravedad cero?

Traje con líquido de refrigeración

Unidad de control

**¡Qué ori(gi)nal!**
Usar un lavabo sin gravedad puede ser un engorro. La lanzadera espacial *Endeavour* despegó en 1993 con un nuevo lavabo de alta tecnología y un precio fuera de órbita. Costó 23,4 millones de dólares y tenía 4000 partes, como asideros para los pies y barras para los muslos que mantenían bien sujeto al astronauta.

**Pañales sensacionales**
Los astronautas no sobrevivirían más de unos segundos en el espacio sin su traje espacial, que ni siquiera se quitan cuando surgen… necesidades. ¡Y es que sus pañales, o prendas de gran absorción, les permiten "desalojar espacio" en el espacio!

## ¡ALUNA-NIZANTE!

El 20 de julio de 1969 dos astronautas del *Apolo 11*, Neil Armstrong y Buzz Aldrin, se convirtieron en los primeros humanos en pisar la Luna. El tercero en la misión, Michael Collins, esperó en el módulo de mando, listo para llevar a los otros a casa, donde fueron recibidos como héroes.

**¿Comida (muy) rápida?**
En el espacio comida y bebida se escapan. Hasta el olor a comida huye flotando. Por eso los astronautas tienen poco apetito.

Prenda de absorción

**Una cometa de vómito**
Los astronautas se entrenan para habituarse a su ligereza en el espacio, y muchos se marean. El vómito flotante es un peligro inmundo en las misiones. Pero los aspiradores y "bolsas para vomitar" lo atrapan.

MÁS INFO

¡El suelo lunar conserva las huellas humanas! ✭ www.nasa.gov/mission_pages/apollo

# CORREO EXPRÉS

Si eres delgado, asombrosamente valiente y capaz de montar a caballo a toda velocidad, habrías sido perfecto para repartir el correo en los días del temerario Pony Express. Y si te ríes del peligro y además eres huérfano, te darían el puesto seguro. En 1860 los audaces jinetes de Pony Express cabalgaban como el rayo por senderos traicioneros desde Misuri a California, de noche y de día, con lluvia o sol, para garantizar el reparto del correo.

**Lectura rápida**
Los jinetes solían tardar diez días en recorrer la ruta de Pony Express. Pero el correo alcanzó su récord al entregar el discurso inaugural del presidente Lincoln en solo siete días y 13 horas. ¡Esos potros eran rayos!

**WANTED**

**GENTE FLACA, JOVEN Y FUERTE**

**DE 18 AÑOS O MENOS. JINETES EXPERTOS DISPUESTOS A ARRIESGAR SU VIDA A DIARIO.**

**PREFERIBLEMENTE HUÉRFANOS. PAGA: 25$ SEMANALES.**

**SOLICITUDES: PONY EXPRESS STABLE, St. Joseph, Misuri**

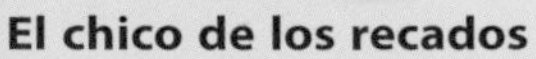

**El chico de los recados**
Cuenta la leyenda que el jinete más joven de Pony Express era un chico llamado *Bronco Charlie* Miller. Solo tenía 11 años cuando empezó.

Carta sobre la elección de Lincoln entregada por Pony Express.

**Más rápido que un caballo**

Pony Express era un servicio vertiginoso. El sistema de postas se inauguró el 3 de abril de 1860, pero cesó el 24 de octubre de 1861, cuando el país quedó conectado gracias al telégrafo.

MÁS INFO

Participa del espíritu de Pony Express ✯ www.ponyexpressdoc.com

# LA CALLE PRINCIPAL DE AMÉRICA

La famosa Ruta 66 recorre más de la mitad de EE. UU. y fue una de las primeras carreteras asfaltadas del país. Abarca casi 4000 km, nace en el oeste de Chicago, cruza el corazón de América y acaba en LA, donde rompen las olas del Pacífico. Es hogar de coches de potentes motores, Harleys y autoestopistas.

La Ruta 66 se llama "Carretera madre", "Carretera de la gloria" y "Calle principal de América".

## TODO UN EXITAZO

La Ruta 66 fue una meca para los motoristas desde que abriera en 1926. Unía pueblecitos con grandes ciudades y rebosaba de pequeños cafés, anuncios colosales y moteles únicos.

**La señal de los tiempos que vivimos**

Antes de que la carretera se descatalogara de forma oficial en 1985, la señal de la Ruta 66 era una de las más robadas.

California

Arizona

Nuevo México

Texas

**Mr Big**
La Ruta 66 es también “la carretera de los iconos”. Muchos de sus restaurantes y tiendas tienen estatuas gigantes para atraer clientes.

**Música y letra de la Ruta 66 ✯ www.lyricsdepot.com/nat-king-cole/route-66.html**

# CONCURSOS DE LOCURA

En EE. UU. no se hacen las cosas a medias. Y, cuando se trata de concursos disparatados, los competidores no menosprecian a sus rivales, ¡aunque sean bichos! Las carreras de cucarachas son una veterana tradición estadounidense. Las cucarachas hasta participan en la elección del presidente. ¡Preparados, listos, ya!

**Rompiendo la pista**
Indiana es célebre por sus carreras, y las cucarachas también reinan en las pistas. En la BugBowl, corren arrastrando diminutos tractores… ¡pese a sus detractores!

**Lanzamiento de caca de vaca**
Beaver, Oklahoma, reivindica con orgullo el título de "Capital Mundial del Lanzamiento de Caca de Vaca". Cada año en abril los concursantes muestran su destreza para lanzar heces. Una boñiga mala puede dejarte en la "estacaca". ¡Hay que buscar bien el proyectil perfecto!

**Silbar por todo lo alto**
Las cucarachas sibilantes se enfrentan en un mano a mano en las elecciones para predecir el resultado de la campaña presidencial. Llevan un 80% de aciertos con los ganadores de la Casa Blanca, pero también sufren malas (cuca)rachas.

**Fans de las cucarachas**
Unos fans del Nut Club de Nueva York animan a las cucarachas en la recta final en 1933.

## CHORRADAS

**Cerdos voladores**
En la feria estatal de Kansas los lechones no tienen tiempo de engordar. El público los vitorea en sus carreras anuales mientras corren por la pista a todo trapo. ¿Quién dijo que los cerdos no volaban?

**Griterío cerdícola**
Con jueces de verdad y normas auténticas, los concursos de llamar a cerdos son desde hace mucho todo un espectáculo en *picnics* y ferias estatales. Este deporte es mucho más que chillar como un cerdo en apuros. Los concursantes deben imitar las llamadas de los puercos, y se juzgan por lo alto y claro que les gritan.

MÁS INFO

¡Participa en un concurso de revolcarse en gachas! ☆ www.worldgritsfestival.com

# MASCOTAS PRESIDENCIALES

Es muy blanca, muy imponente y muy famosa, pero también es el sitio que el presidente de EE. UU. y su familia llaman hogar. ¿Y qué es un hogar sin animales de compañía jugando en su césped? Gatos, perros y ponis han sido mascotas populares en la Casa Blanca, pero no todos los animales que han residido aquí eran tan corrientes.

**¡Más puesto que un calcetín!**
Los Clinton tenían al gato *Socks* (Calcetines). El famoso felino respondía el correo de sus fans con artículos de escritorio de la Casa Blanca y tenía su línea telefónica.

**El primer perro**
No siempre hay que ser votado para vivir en la Casa Blanca. El perro de agua portugués *Bo* fue un regalo de un senador a la familia del presidente Obama. Le encantan los tomates y jugar en el césped de la Casa Blanca. ¡Lleva una vida de perros!

Bo durante una nevada en la Casa Blanca

## DESFILE DE PRIMERAS MASCOTAS

- George Washington no quería alientos perrunos. Su sabueso se llamaba *Sweet Lips* (Labios dulces).
- ¡Thomas Jefferson tenía un sinsonte que comía de su boca!
- Theodore Roosevelt tenía todo un zoo. Entre sus mascotas había una cebra, una hiena, un coyote y un gallo con una pata (¿le habría mordido el coyote?).

¡La mascota presidencial más rara fue el hipopótamo pigmeo del presidente Coolidge!

El presidente Kennedy con el poni *Macaroni*

Los beagles del presidente Johnson, *Him* (Él) y *Her* (Ella)

**Patas y mandíbulas**
El presidente Hoover tenía un perro llamado *King Tut* que rondaba por la Casa Blanca. También tenía dos cocodrilos. ¡Pero no se lo zamparon!

¡LE HE ENSEÑADO A ESTRECHAR LA PATA!

MÁS INFO

Los presidentes y sus mascotas ✯ www.presidentialpetmuseum.com

# MR POTATO

¿Alguna vez te han dicho que con la comida no se juega? Pues, si se trata de patatas, esa regla no vale y empieza la diversión. En 1952 el inventor George Lerner creó un conjunto de piezas de plástico que podían clavarse en cualquier patata u hortaliza. Llamó a su juguete Mr Potato Head (Señor Cabeza de patata) y hoy sigue siendo un éxito. Su patata es una estrella del cine y la televisión, y, gracias a sus distintos personajes, ¡no es ningún patata!

**Un "patatador" nacional**

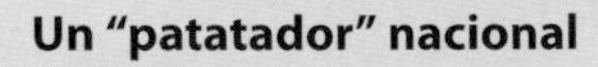

Antes Mr Potato Head fumaba en pipa, pero en 1987 limpió su imagen y se hizo embajador –o "patatador"– de la campaña antitabaco de la Sociedad Americana contra el Cáncer. ¡Y su pequeña pipa de plástico se es-fumó!

Mr y Mrs Potato Head encabezan un reparto estelar de juguetes en Toy Story, de Disney/Pixar.

**Patatas podridas**
Al principio se vendían los accesorios de Mr Potato y el cliente ponía la patata. Pero a las patatas les salían ojos de verdad al pudrirse bajo las camas de los niños y por eso se le dio un cuerpo.

**Un desfile de patatas**
Mr Potato Head participa siempre en el desfile de Acción de Gracias de Macy's. ¡Da gracias por no ser el plato principal del día!

**Solo tengo ojos para ti**
Mr Potato Head amaba las patatas. En 1953 perdió la cabeza por una y así entró en escena Mrs Potato Head (Señora Cabeza de patata). ¡Solo tenían ojos para ellos!

MÁS INFO

Salón de la fama de juguetes ✯ www.toyhalloffame.org/toys

# FAMILIAS PIONERAS

¡Imagina despedirte de todo lo que conoces! Pues al menos había 30 valientes niños asidos a la borda del *Mayflower* cuando zarpó de Inglaterra para América en 1620, como Love Brewster, de nueve años, y su hermanito Wrestling. Al principio debían de estar emocionados, pero, tras zarandearse en el bravo mar durante 65 días en ese espacio, la tierra debió de parecerles fabulosa, ¡aunque solo fuera una roca!

*Mayflower*

ME TENGO QUE CORTAR LAS CEJAS. ¡NO VEO NADA!

**¿Una partidita de canicas?**
Con 102 pasajeros, no había mucho espacio para divertirse y jugar en el *Mayflower*. Ya en tierra, los niños peregrinos pudieron construir fuertes y trepar árboles. También jugaban a las canicas, pero solo cuando tuvieron hechas sus tareas.

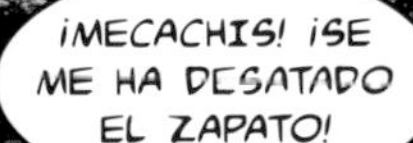


**Nuevos amigos**
Los peregrinos ansiaban cultivar cosechas en su nuevo hogar. Por suerte los ayudaron dos nativos americanos, Samoset y Squanto, que les enseñaron a cazar, pescar y sembrar cosas como calabazas y maíz.

Nacieron dos niños a bordo. Un niño llamado Oceanus Hopkins nació en el mar. Y la pequeña Peregrine White llegó cuando ancló el barco.

## EL PRIMER DÍA DE ACCIÓN DE GRACIAS

Gracias a la amistad con la tribu de los wampanoag, los peregrinos lograron una gran cosecha en otoño de 1621. Los invitaron a un banquete para darles las gracias y así empezó la tradición.

**Las ovejas negras de Plymouth**
Los Billington fueron una familia peregrina alborotadora. Un hijo, Francis, disparó un mosquete en el *Mayflower*. Otro, John Jr., se perdió y apareció con los nativos. Eleanor, la madre, fue azotada por calumniar, y el padre, John Sr., ahorcado por asesinato.

MÁS INFO

**Todos los niños sobrevivieron al viaje del *Mayflower* ✯ www.mayflowerhistory.com**

# UNA GRAN AVENTURA

El Gran Cañón brinda aventuras a gran escala. Todo en este gigante y espectacular agujero es grande, desde su borde rocoso con vistas vertiginosas hasta las paredes del profundo precipicio y los bárbaros rápidos de un río que brinca como un potro salvaje. No es raro que sea una de las siete maravillas naturales del mundo.

**Una misión marcial**
En 1869 John Wesley Powell, militar que quedó manco en la Guerra de Secesión, fue el primer blanco que guio una expedición por el río Colorado a través del Gran Cañón. Su viaje fue una lucha con los rápidos... ¡a brazo partido!

**¡Malditos piratas!**
A menudo los barcos hallan dificultades en el Misisipi, pero no siempre es culpa de la naturaleza. Samuel Mason dirigió una banda de piratas de río. Guiaba barcos por aguas turbulentas y los varaba cerca de sus corsarios.

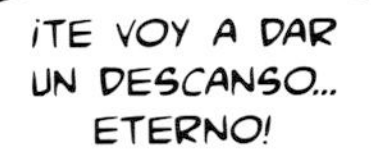

## DATOS NADA CORRIENTES

- El nombre Misisipi viene de los indios ojibwa, que llamaban al río "Misisibi" (con la primera "s" sonora) o Padre de las Aguas.
- El río nace como un hilillo en el lago Itasca, Minnesota, y discurre 3766 km hasta el Golfo de México.
- Si cae una gota de lluvia en el lago, llega al golfo en unos 90 días.
- Los terremotos de Misuri de diciembre de 1811 a febrero de 1812 hicieron que el río fluyera al revés.

**Globos oculares de caimán**
Los caimanes remolonean en las lodosas aguas del río. El mejor modo de controlar su población es de noche en un bote. Se cuentan sus globos oculares, que en la oscuridad se ven rojo brillante.

MÁS INFO

Disfruta de cantos y sirenas de barco con teatros flotantes ✮ www.steamboats.org

# ¡MUÉSTRAME EL DINERO!

## DINERO DEL BUENO

En EE. UU. cerca de uno de cada 12 500 dólares es falso. Se han añadido elementos a los billetes para dificultar su falsificación:

- Un hilo de seguridad que va de arriba abajo
- Una marca de agua de la misma persona retratada en el billete
- Tinta variable que parece cambiar de color cuando se ladea el billete
- Microimpresión

El billete de dólar tiene una vida media de entre 18 y 22 meses.

**Falsificación**

Antes los falsificadores de billetes se sentenciaban a muerte. Se calcula que hay en circulación 70 millones de dólares falsos. ¡Ojo con la moneda, monada!

**De uno, cinco, diez y veinticinco**
Un *penny* (penique) equivale a un centavo. El primero lo diseñó en 1787 Benjamin Franklin. Un *nickel* son cinco centavos, un *dime*, diez, y un *quarter*, 25.

**Tesoro escondido**
Los lingotes de oro son dinero llamado oro en barras. La mayor reserva del país está en una cámara acorazada bajo Manhattan. ¡Son barras tras barrotes!

MÁS INFO

¿Quién fue el primer presidente retratado en una moneda? ✯ www.usmint.gov

# CUESTIÓN DE FE

¿Te imaginas vivir sin ordenadores, móviles ni coche? La fe de los amish exige una vida sencilla que los mantiene apartados del bullicio del mundo exterior. Sus carros tirados por caballos son el principal medio de locomoción en sus comunidades, donde está prohibido tener coche.

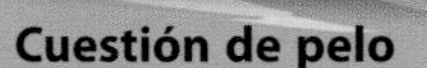

**Cuestión de pelo**
Los amish no se afeitan la barba una vez casados, pero nunca se dejan bigote. Las mujeres jamás se cortan el pelo. Se lo peinan con la raya en medio, recogido en un moño bajo gorros de oración.

**Colchas robadas**
Muchas amish cosen bellas colchas de retazos a mano. Los amish empezaron a venderlas al público y al poco tiempo se dieron cuenta de que se las robaban de los tendederos.

¡EN EL RUMSPRINGA NO VOY A PRINGAR!

**Rumspringa**
Casi todos los amish van a la escuela hasta los 13 o 14 años. Hacia los 16 quedan libres de las normas eclesiásticas y la comunidad para experimentar la vida entre la gente no amish. Esta época de citas y toma de decisiones se llama "rumspringa".

**Desconectados**
Los amish no se conectan a ninguna fuente de energía eléctrica. Sus máquinas, herramientas y electrodomésticos van con gas, pilas, generadores o aceite.

**Nada de secretitos**
La ropa amish no tiene bolsillos. Así se evita la tentación de guardar tesoros secretos que puedan hacer que alguien se sienta especial.

## LA GENTE SENCILLA

Las comunidades estadounidenses amish, menonitas y de la Iglesia de los Hermanos se conocen como "la gente sencilla" porque visten ropa sencilla y viven y rezan en edificios sencillos. Las mayores comunidades amish están en Ohio y los condados de Holmes y Lancaster, Pensilvania.

MÁS INFO

Preguntas y respuestas sobre la vida amish ✫ www.amish.net/faq.asp

# LAZOS, RIENDAS Y RODEOS

Imagina pavonearte por ahí con anchos pantalones de montar y retocarte el maquillaje antes de enfrentarte a un temible toro colosal. Pues eso hacen los *rodeo clowns* (payasos de rodeo). Cuando se abre el toril, el toro sale hecho una furia y el jinete muerde el polvo. El *clown* entra en acción con sus payasadas, distrae al animal y el vaquero de dolorido pandero se pone a salvo.



**El 'clown lounge'**
Los payasos de rodeo corren peligro. El tonel en medio de la pista es su refugio. Se llama *clown lounge* (salón del payaso). En él se ocultan y saltan de pronto para distraer al toro.

**Gloria sangrienta**
Los toros salen de la pista ilesos, pero ese no es siempre el caso de vaqueros y payasos. La emoción se acompaña de huesos rotos y moratones en el trasero.

## ¡RODEO EN EL RANCHO!

El rodeo nació en la década de 1800, cuando los vaqueros demostraban su destreza en la monta de broncos y el lazo tras una recogida de ganado o rodeo. Hoy se juntan multitudes para ver competir a vaqueros y vaqueras.

## APRENDE LA JERGA

Muchas palabras del Salvaje Oeste vienen del español, pues muchos vaqueros eran de México. Une cada una con su significado:

- vaquero
- lazo
- bronco
- estampida
- rodeo

A: huida repentina de caballos o ganado

D: caballo salvaje sin domar

C: cuerda con un nudo corredizo en un extremo

B: pastor de vacas

E: concurso de habilidad vaquera

¡QUIERO A MI MAAAAAMÁAAA!

**Rodeo con corderos**
Algunas estrellas del rodeo han nacido para cabalgar. Los niños de tres años salen montados en ovejas. A los seis pueden montar novillos. ¡Que no se vuelvan diablos con piel de cordero!

MÁS INFO

Lee acerca de rodeos, riñas y grandes premios ★ www.prorodeo.com

# CUENTOS DE TRENES

Los trenes han resollado, traqueteado, echado humo y pitado por todo el país. Cuando la riqueza de tierras llevó a la gente al Oeste, las compañías de trenes pusieron vías de costa a costa. El primer ferrocarril transcontinental de América redujo el viaje de seis meses a diez días, aunque los incendios, descarrilamientos y averías por el camino ponían los pelos de punta.

Gracias sobre todo a los horarios de trenes, hay cuatro husos horarios en EE. UU. continental (Pacífico, Montaña, Central, Oriental)

## EL CLAVO DE ORO

Cuando la línea del este se juntó con la del oeste, fue amor a primera vista. Las obras del primer ferrocarril transcontinental del mundo acabaron cuando se colocó el último clavo "de oro" en Promontory, Utah, el 10 de mayo de 1869.

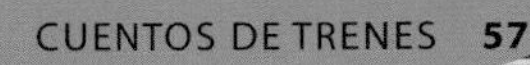



**Trabajo ferroviario**
Más de 12 000 inmigrantes chinos ayudaron a construir el primer ferrocarril transcontinental de América. Les pagaban poco y casi siempre hacían las tareas más peligrosas, como volar túneles.

LO HE COGIDO AL REVÉS. ESPERA, ¿ESTO ES DINAMITA?

¡ME CANSO SOLO DE VER CÓMO TRABAJAN!

**Caballos de hierro y matones de búfalos**
Antes los trenes llevaban delante una cuña llamada "atrapavacas" que empujaba a los animales para no descarrilar. Resultó fatal para los búfalos, pues debían esquivar las balas que les disparaban por las ventanas. ¿Serían los primeros "trenes-bala"?

**El día de los 16 kilómetros**
Las compañías Central Pacific y Union Pacific trabajaron a toda máquina para colocar los últimos kilómetros de vías. Charles Crocker, de Central, apostó 10 000 dólares a que sus hombres podían colocar 16 km en un día, cosa hasta entonces nunca vista. Lo hicieron y lograron un récord mundial aún imbatido.

MÁS INFO

¿Los primeros grandes trenes se convirtieron en chatarra? ★ www.nps.gov/gosp

# BARRAS Y ESTRELLAS

Al principio la bandera de EE. UU. tenía tantas barras y estrellas que era un lío. Cada vez que un estado se unía a la Unión se añadía una barra y una estrella. Pero en 1818 el Congreso decidió que solo habría 13 barras, una por cada colonia original. Cada uno de los 50 estados está representado por una estrella. ¡Es una bandera estrellada de verdad!

"Bandera estrellada" es uno de los nombres de la bandera de EE UU. También se llama "Barras y estrellas" y "Vieja gloria".

**Batallas y bombas**
La bandera tuvo un espíritu luchador desde su inicio. Se hizo para ondear sobre Fort McHenry, lugar de una fiera batalla contra los británicos. Y era muy grande, para que los británicos la vieran por encima de las bombas.

La batalla de Fort McHenry

¡VEO INNUMERABLES ESTRELLITAS!

## DOBLAR LA BANDERA

Con el modo tradicional de doblarla se obtiene un triángulo que muestra solo las estrellas y el campo azul, o unión, tras ellas:

1. Desplegarla y doblarla a lo largo.

2. Doblarla de nuevo a lo largo hasta que solo se vean medio campo azul y unas tres barras.

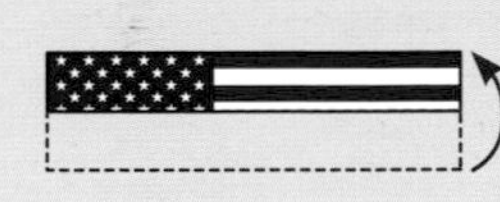

3. Doblar una esquina de barras y llevarla al borde superior, creando un triángulo.

4. Doblar otra vez la punta sobre la bandera.

5. Seguir haciendo pliegues triangulares en toda su longitud.

6. Doblar el campo azul sobre sí mismo y meter la punta de la bandera en el último pliegue.

**La bandera gigante**
Thomas Ski Demski debió de ver las estrellas cuando batió un récord al coser una bandera estrellada para el Día de la bandera el 14 de junio de 1992. La tuvieron que desdoblar 500 personas. ¡Medía nada menos que 154 m por 68,5 m!

MÁS INFO

**Estudia la bandera y el himno ✯ americanhistory.si.edu/starspangledbanner**

# RITMO CALLEJERO

Hoy los raperos compiten con letras atropelladas y los hiphoperos bailan a su ritmo. El *hip hop* nació en la década de 1970 en el Bronx. Allí pioneros como DJ Kool Herc puenteaban líneas eléctricas para conectar sus altavoces y mesas de sonido y actuar gratis en fiestas callejeras. Las joyas llegaron después.

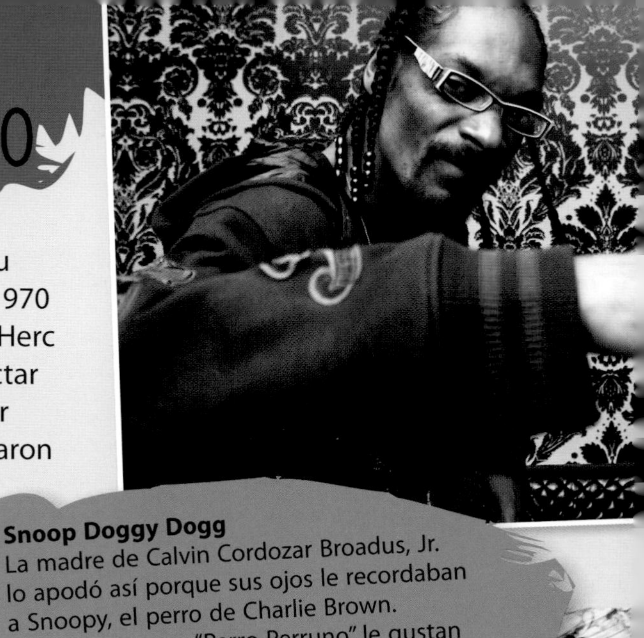

**Snoop Doggy Dogg**
La madre de Calvin Cordozar Broadus, Jr. lo apodó así porque sus ojos le recordaban a Snoopy, el perro de Charlie Brown. Pero dicen que a "Perro Perruno" le gustan los gatos. ¡Nos dio gato por... perro!

En EE. UU. el rapeo se llama MCing, por las iniciales de Maestro de Ceremonias.

¡UY, CREO QUE SE ME HAN ROTO LOS PANTALONES!

**Sílabas aceleradas**
El rapero Busta Rhymes entró en el 2000 en el *Libro Guinness de los Récords* por decir más sílabas que nadie en un segundo.

Hip significa "a la última". Hop es un paso de baile. Juntas forman el *hip hop*.

**Superestrella de la canción**
Missy *Misdemeanor* (Fechoría) Elliott siempre quiso ser una superestrella de la canción. Con cuatro años cantaba a sus muñecas y hacía que la aplaudieran. Hoy es una de las reinas del *hip hop* –esas muñecas sabían lo que hacían.

## PASTA Y JOYAS LLAMATIVAS

Los hiphoperos llevan llamativos adornos, como gruesas cadenas de oro, placas de perro, grandes pendientes y fundas de dientes de oro y plata llamadas *grillz* (de *grill*, "parrilla").

MÁS INFO

**Los mejores pasos son para las pausas *(breaks)* entre las letras. De ahí *breakdance*.**

# DEL CUENCO DE POLVO AL CUENCO FÉRTIL

La peor tormenta de arena de América estalló el 14 de abril de 1935, día que la gente llamó "Domingo negro". Levantó 2 millones de hectáreas de polvo y volvió el cielo negro como la tinta. En la década de "los sucios años treinta", las Grandes Llanuras quedaron devastadas por varias tormentas de arena letales. La zona se bautizó como "Cuenco de Polvo". Las familias huyeron al oeste, a California, en busca de una vida mejor.

¡ESPEREMOS AQUÍ HASTA QUE SE ASIENTE EL POLVO!

**Acostarse con las gallinas**
Una tormenta de arena vuelve el día negro como la noche. Las gallinas se confundían y dormían de día.

**Conejos en polvareda**
Una plaga de conejos hambrientos asoló las granjas arruinadas. La gente tuvo que matarlos y comérselos. Como no había verdura, las plantas rodadoras en escabeche servían de guarnición.

COMPRARÉ LA MASCARILLA MÁS BARATILLA.

**Tragones repugnantes**
Tarántulas, ciempiés, grillos y saltamontes invadieron la polvorienta tierra. Y se zampaban todo, hasta los mangos de madera de las palas y demás herramientas.

# LA RUTA 66

Los refugiados del Cuenco de Polvo se conocían como "Okies", de Oklahoma, aunque no todos eran de allí. La Ruta 66 los llevó a una nueva vida y un futuro mejor en California.

**Un auto de escape**
La gente metió sus cacharros en sus cacharros –es decir, sus coches viejos y abollados– y viajó al oeste.

Cada estado tenía el polvo de un color: en Kansas era negro; en Oklahoma, rojo, y en Texas, amarillo.

## ¡AGÁRRATE EL SOMBRERO!

Historias del Cuenco de Polvo:

- LeRoy Hankel vio cómo una tormenta de arena arrastraba un camión 10 m por la calle.
- Ellroy Hoffman plantó semillas de alfalfa pero una tormenta las arrancó de cuajo.
- Harvey Pickrel compró un tractor baratísimo... ¡porque estaba semienterrado en polvo! ¡Tuvo que cavar mucho para usarlo!

MÁS INFO

¡Los niños iban con mascarillas! www.english.illinois.edu/maps/depression/dustbowl.htm

# ¿EL PUENTE QUE NO SE PODÍA CONSTRUIR?

Fue una apuesta arriesgada. Cruzaría un agitado estrecho, lo asolarían fuertes corrientes oceánicas, lo envolvería la niebla y lo azotarían vendavales. En 1924 se aprobó el peligroso proyecto, pero sus obras se pararon tantas veces que muchos lo llamaron "el puente que no se podía construir". ¡Se equivocaban! El famoso Golden Gate de San Francisco se inauguró en 1937.

**La seguridad va en cabeza**
El casco duro fue la primera pieza protectora de los obreros del puente. Los primeros modelos se hicieron con lona al vapor, cola y pintura negra.

Placa conmemorativa del 25º aniversario.

**Palomas despavoridas**
En 1933 se soltaron 250 palomas mensajeras para llevar la noticia del comienzo de las obras. Pero se asustaron tanto de la multitud que se escondieron en la maqueta de exposición del puente. Unos chicos las ahuyentaron con palos.

**¡Malditos piratas!**
A menudo los barcos hallan dificultades en el Misisipi, pero no siempre es culpa de la naturaleza. Samuel Mason dirigió una banda de piratas de río. Guiaba barcos por aguas turbulentas y los varaba cerca de sus corsarios.

¡TE VOY A DAR UN DESCANSO... ETERNO!

¡TAMPOCO ES PARA ECHAR HUMO!

## DATOS NADA CORRIENTES

- El nombre Misisipi viene de los indios ojibwa, que llamaban al río "Misisibi" (con la primera "s" sonora) o Padre de las Aguas.
- El río nace como un hilillo en el lago Itasca, Minnesota, y discurre 3766 km hasta el Golfo de México.
- Si cae una gota de lluvia en el lago, llega al golfo en unos 90 días.
- Los terremotos de Misuri de diciembre de 1811 a febrero de 1812 hicieron que el río fluyera al revés.

**Globos oculares de caimán**
Los caimanes remolonean en las lodosas aguas del río. El mejor modo de controlar su población es de noche en un bote. Se cuentan sus globos oculares, que en la oscuridad se ven rojo brillante.

MÁS INFO

**Disfruta de cantos y sirenas de barco con teatros flotantes ✯ www.steamboats.org**

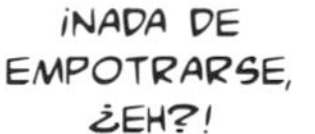

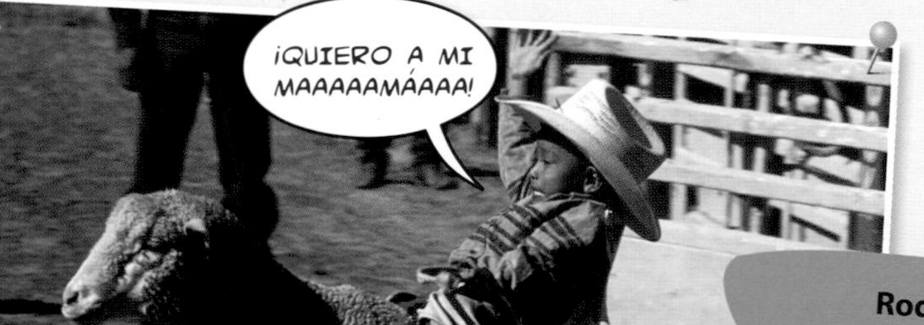

¡VEO INNUMERABLES ESTRELLITAS!

## DOBLAR LA BANDERA

Con el modo tradicional de doblarla se obtiene un triángulo que muestra solo las estrellas y el campo azul, o unión, tras ellas:

1. Desplegarla y doblarla a lo largo.

2. Doblarla de nuevo a lo largo hasta que solo se vean medio campo azul y unas tres barras.

3. Doblar una esquina de barras y llevarla al borde superior, creando un triángulo.

4. Doblar otra vez la punta sobre la bandera.

5. Seguir haciendo pliegues triangulares en toda su longitud.

6. Doblar el campo azul sobre sí mismo y meter la punta de la bandera en el último pliegue.

QUERÍA DOBLARLA, PERO ESTOY DOBLADO.

**La bandera gigante**
Thomas Ski Demski debió de ver las estrellas cuando batió un récord al coser una bandera estrellada para el Día de la bandera el 14 de junio de 1992. La tuvieron que desdoblar 500 personas. ¡Medía nada menos que 154 m por 68,5 m!

MÁS INFO

Estudia la bandera y el himno ✫ americanhistory.si.edu/starspangledbanner

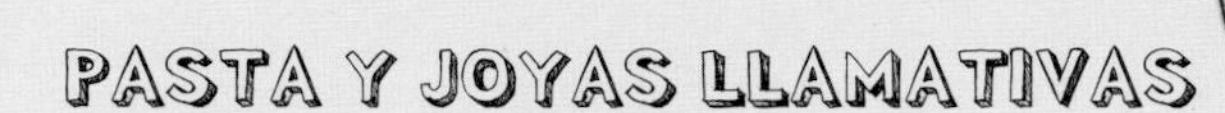

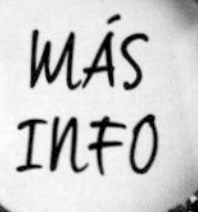

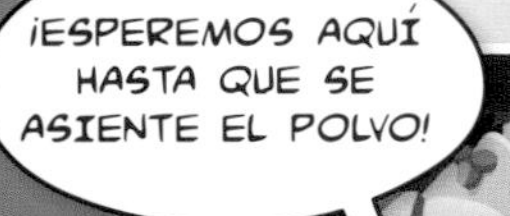


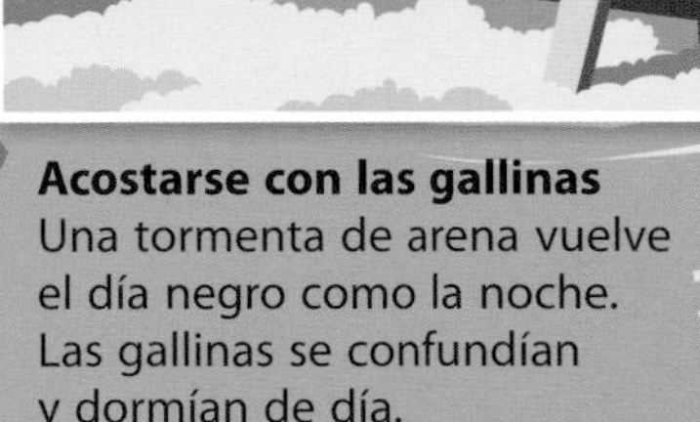

**Salvados por la red**
Diecinueve hombres podían haber muerto al caer al vacío durante las obras, pero una red de seguridad suspendida bajo la plataforma los salvó. La gente llamó a estos afortunados el "Club a medio camino del infierno".

## ¡QUÉ SUSPENSE!

El Golden Gate mide 2737 m de largo y cuelga de cables sujetos a dos altas torres. El alambre de acero usado en los cables podría dar tres veces la vuelta a la Tierra.

**Gran visibilidad**
El Golden Gate Bridge tiene un color original. Gracias a su visible "naranja internacional" los barcos pueden verlo mejor con densa niebla.

MÁS INFO

Fue el puente colgante más largo del mundo de 1937 a 1964 ✯ goldengatebridge.org

# CARRETERA DE LIBERTAD

Nada como el rugir de un motor en marcha, el depósito lleno y una carretera abierta. Caminos laberínticos y autopistas de alta velocidad surcan desiertos y praderas, bordean cañones, ascienden por rocosos pasos de montaña, atraviesan fronteras estatales y zigzaguean por grandes ciudades. Hay algo nuevo a cada curva y la promesa de aventuras en el horizonte. Naturalmente, el GPS puede averiarse, un policía de tráfico puede andar al acecho y, si se viaja con la capota levantada, habrá que cerrar la boca para no tragar bichos.

Hay bocinas de coche con un oído perfecto. Tocan la nota fa.

**Diablos de la velocidad**
¡En 1898 el Departamento de Policía de NY usó bicis para atrapar a motoristas! Hoy pone unos 34 millones de multas de velocidad al año.

**Limusina extralarga**
Hay larguísimas limusinas Hummer, motos limusina hechas a medida y limusinas de carreras, pero la más larga de todas tiene 26 ruedas y mide más de 30 m de punta a punta. ¡Es ilimUSitada!

**¿Modelo A, B, C o T?**
Gracias a Henry Ford, su cadena de montaje y el asequible Modelo T, muchos americanos pudieron comprarse un coche. Ford fabricó los modelos A, B, C, F, K, N, R y S antes de que saliera el T en 1908.

# EL CÓDIGO VIAL

Con la era del automóvil se inventaron muchas palabras y expresiones. Algunas han viajado en el tiempo. Otras se quedaron en la cuneta. Une cada palabra con su significado:

1 AUTOBUBBLING
2 GAS GUZZLER
3 RATTLETRAP
4 ROAD HOG
5 ROAD RAGE
6 STEP ON THE GAS

**Significados:**
**A** conductor que bloquea la carretera
**B** dar una vuelta en coche por diversión
**C** coche que gasta mucha gasolina
**D** acelerar
**E** ira que causan otros conductores
**F** coche viejo que traquetea

**Respuestas:** 1=B; 2=C; 3=F; 4=A; 5=E; 6=D

MÁS INFO
Viaja por el primer viaje por carretera de América ☆ www.pbs.org/horatio/about

# LAS REINAS DE LA BELLEZA

¿Qué es un postizo? ¿Los dientes falsos se ponen antes o después del autobronceado ideal? ¿Cuántas piedras semipreciosas pueden combinarse con un vestido matador? Saber las respuestas a estas preguntas puede llevar a las participantes de los concursos de belleza un poco más cerca del protagonismo, aunque es más bien el saber estar, la personalidad y el porte lo que brinda más premios en el mundo de las reinas de la belleza.

**Reír es ganar**
Hasta los dientes brillan, pues las participantes de concursos de belleza llevan unas fundas en los dientes para lucir una sonrisa ganadora.



**Concursos y desfiles**
El primer concurso de Miss América se celebró en Atlantic City en 1921. Hoy hay concursos y desfiles de belleza en todo el país. ¡Algunas jóvenes participantes apenas son más altas que los trofeos que ganan!

**La clave para ganar la corona**
Algunas concursantes tienen una entrenadora que les enseña a posar, vestirse, peinarse y maquillarse, y les indica qué decir en las entrevistas. ¿Qué te parece?

¡AY, OLVIDÉ LA PREGUNTA!

El empresario P. T. Barnum organizó el primer concurso de belleza en 1855. ¡Y creó otros para ranas, pollos y gatos!

## ¿QUÉ LLEVA UN KIT DE BELLEZA?

Joyas, pestañas y uñas postizas, esmalte de uñas, fundas para los dientes, pistola de cola, plancha y rizador de pelo, laca, extensiones, postizo (¡no es un diente, es pelo!), maquillaje, brillantina... y mucho más.

**La primera y la más bajita**
Margaret Gorman fue la primera Miss América (1921). Y, como medía 1,55 m, también fue la más bajita. En el concurso, algunas rivales osaron lucir bañadores con las piernas desnudas.

MÁS INFO

Concursos y organizaciones benéficas ✩ www.missuniverse.com/missusa

# DECIR 'SÍ, QUIERO' EN LAS VEGAS

Si sueñas con una boda de blanco pero un poco rara, salvaje, alocada u hortera, este gran patio de recreo con luces de neón llamado la "Capital del mundo de las bodas" es ideal para decir "Sí, quiero" como quieras. ¡Hay parejas que ni salen del coche! Una capilla ofrece un servicio para coches desde una ventanilla. Otras tienen bodas temáticas. ¿Es ese Elvis huyendo con la novia?

En Las Vegas unas 315 parejas enamoradas dicen "Sí, quiero" cada día.

**Un parque temático de ensueño**
Las Vegas es el paraíso de las lunas de miel. ¿Por qué ir a París, Venecia o NY si aquí hay góndolas, una torre Eiffel y una estatua de la Libertad?

**Las capillas del amor**
En Las Vegas Strip y en muchos hoteles hay capillas nupciales. Elvis se casó en Las Vegas en 1967. Hoy en la Cupid's Wedding Chapel las parejas pueden escoger entre dos Elvis.

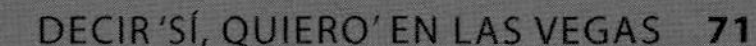



## EL PREMIO GORDO

Las bodas en Las Vegas no siempre son baratas. Pero si se saca el gordo de la máquina tragaperras se ganarán casi 40 millones de dólares. ¡Da para la luna de miel!

**Bodas disparatadas**
En Las Vegas te puede casar Darth Vader, Merlín *el Encantador* o Elvis. Y puedes dar el sí bajo el agua, en un barco pirata o en el aire haciendo *puenting*.

MÁS INFO

**Los españoles la llamaron Las Vegas porque existían manantiales en aquel desierto.**

¿Qué tienen que ver con el tiempo un peludo roedor y la loma de Gobbler's Knob? Pues, según los seguidores de la marmota de Punxsutawney, *Phil*, mucho. Cada 2 de febrero desde hace más de 100 años se saca al regordete *Phil* de su calentita madriguera bajo un falso tronco de árbol para que haga su convincente predicción. Si el sol brilla y *Phil* ve su sombra, da la vuelta y vuelve a su guarida. Para los organizadores con sombrero de copa y los fans de *Phil* en el Día de la Marmota, eso equivale a seis semanas más de invierno.

Dicen que si el sol brilla el Día de la Marmota, el invierno será largo.

¡BAH, SIEMPRE MARMOTEANDO!

# EL AUDAZ PRONÓSTICO DE 'PHIL

¡OH, PHIL, QUÉ DIENTES MÁS LARGOS! ¿PARA MORDERME MEJOR...?

SOY UNA MARMOTA. SI FUERA UN LIRÓN ESTARÍA DELIRANDO.

GOB

**Marmotas de madera y mucho má**

Unos 30 000 fans viajan a Punxsutawney, Pensilvania, para celebrar el Día de la Marmota. Hay carreras en trineo, concursos de figuras de hielo y hasta se pueden tallar marmotas de madera.

¡La gente me llama el Profeta del Tiempo!

TIENES BUEN ASPECTO PARA UNA MARMOTA DE TU EDAD, PHIL.

GRACIAS, PHYLLIS, PERO ÚLTIMAMENTE ANDO COMO EL TIEMPO.

**Viejo pero matón**
El roedor residente de Punxsutawney, *Phil*, es muy viejo para ser una marmota. Dicen que vive tanto gracias a su esposa *Phyllis* y al ponche secreto de marmota.

La llegada de la primavera es motivo de celebración, pero hay festejos todo el año. Lee las pistas y adivina la fiesta:

- ✯ Este día especial para los tortolitos abunda en corazones, cartas de amor y dulces.
- ✯ La gente desfila con máscaras y disfraces en este loco carnaval de Nueva Orleans.
- ✯ Gran fiesta llena de barras, estrellas, comida y fuegos artificiales.
- ✯ Esta noche de terror los bromistas recorren las calles en busca de caramelos.

* San Valentín (14 de febrero)
* Mardi Gras (Martes de Carnaval; hacia Semana Santa)
* Día de la Independencia (4 de julio)
* Halloween (31 de octubre)

**Sombrereros locos**
Los tipos con sombrero de copa que dirigen la ceremonia de Punxsutawney Phil se llaman el "Círculo interior". Cuidan de *Phil* todo el año y él les da su pronóstico en "marmotés", una lengua especial.

MÁS INFO

Consulta los pronósticos perfectos de *Phil* ✯ www.stormfax.com/ghogday.htm

# SOLDADOS DE INCÓGNITO

Cambiaron sus miriñaques y matadores corsés por uniformes. Se mancharon la cara, algunas se pusieron bigotes falsos y se cortaron el pelo, y disparaban tan bien como cualquier hombre. Cientos de valientes mujeres se disfrazaron de hombres para unirse a las tropas durante la Guerra de Secesión.

SOLO QUIERO VER SI TIENES BUENA DENTADURA.

**¡Mira, es Melverina!**
Melverina Elverina Peppercorn manejaba el rifle como un profesional y escupía tabaco de mascar a 3 m de altura. Tal vez ello la ayudó a introducirse en el Ejército Confederado disfrazada de hombre para luchar con su hermano gemelo, Lexy.

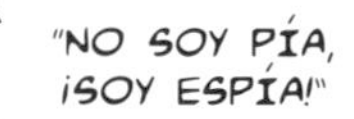


*Sarah Edmonds fue espía y enfermera en la Unión. ¡Vistió disfraces de hombre y de mujer!*

**Malinda sabe lo que se cuece**
La valiente Malinda Blalock se unió al ejército con su esposo haciéndose pasar por "su hermano Sam". Los soldados descubrieron que "Sam" cocinaba de maravilla, así que "lo" nombraron oficial de cocina.

**Chicos sin barba**
Las soldados no tenían que fingir afeitarse, pues en el frente había jovencitos. Los reclutas debían tener 18 años. Algunos menores escribían "18" en un papel que metían en un zapato para poder decir que estaban "por encima de los 18".

Grant (izda.) y Lee discuten las condiciones de la rendición de Lee.

MÁS INFO

En la guerra murieron unos 620 000 soldados ✯ www.nps.gov/civilwar

# EL SURFISTA MÁS GRANDE

¡Di "Duke Paoa Kahinu Mokoe Hulikohola Kahanamoku" sin tomar aire! Por suerte, casi todos lo llaman "Duke" (Duque). Sus amigos dicen que tenía aletas por pies. Y sus manos eran tan grandes que cuando recogía agua con ellas y la arrojaba, era como si te lanzaran un cubo lleno. Duke nació en Hawái en 1890. Lo llamaban el "padre del surf moderno" y surcaba las olas de Hawái en su gran tabla de madera, forjando un deporte que conquistaría al mundo.

Un dato inútil: Duke se llamaba así por su padre, que se llamaba así por el duque de Edimburgo.

**Surcando las olas del mundo**
Duke introdujo el surf al mundo. No tenía tabla cuando viajó por Australia en 1915 y se hizo una de pino de azúcar. Su demostración fue tan dinámica que hasta los tiburones se quedaron sin aliento. Hoy Oahu y Sídney tienen estatuas en su honor.

**Ahogarse o nadar**
Cuando Duke era niño, su padre y su tío lo sacaron al mar en canoa y lo arrojaron al agua. Fue hundirse o nadar al más puro estilo hawaiano. Por supuesto el joven Duke no se ahogó en poca agua.

## JERGA SURFERA

Para ser un *ripper* (gran surfista), hay que aprender la jerga. Une cada palabra con su significado:

shark biscuit (galleta de tiburón)

shredding (veteranía)

grom (junior)

barrel (tubo)

nose (nariz; parte delantera de la tabla)

A: novato

B: parte puntiaguda de la tabla

C: ola hueca

D: joven surfista

E: surfear muy bien las olas

**Respuestas:** *shark biscuit*=A; *shredding*=E; *grom*=D; tubo=C; *nose*=B

¡SOCORRO! ¡DEBERÍA HABER ESCOGIDO LAS CANICAS!

**Olas monstruosas**

Hawái tiene algunas de las playas de surf más famosas del mundo. Olas gigantes o *bluebirds* azotan sus orillas. Las desafían surfistas veteranos arrastrados por motos acuáticas.

MÁS INFO

La extraordinaria vida de Duke ☆ www.dukeswaikiki.com/duke

# CORREO POR TRINEO

Necesitas un medicamento para salvar vidas, ¡y ya! Pero estás en Nome, una aldea bloqueada por la nieve en una remota zona de Alaska. Es época de tormentas y solo hay correo por trineo de perros. Entonces *Balto* entra en acción. En 1925 este listo husky siberiano de gran corazón dirigió a un equipo de perros en la recta final de una misión de 1609 km para entregar medicinas que salvarían a los niños de Nome. ¡Guau!

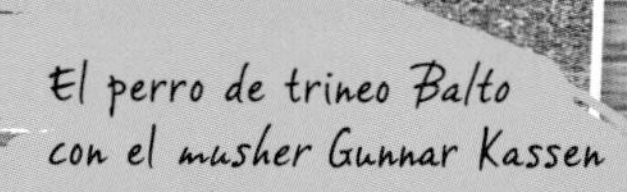

El perro de trineo *Balto* con el *musher* Gunnar Kassen

**Una situación desesperada**
La difteria puede ser letal. El hielo y las tormentas detuvieron a barcos y aviones. Un tren llevó la medicina hasta la mitad del camino. El resto lo hicieron los perros.

El equipo de salvamento llegó a Nome después de siete días.

**¡Que no se enfríe!**
Pasarse medicamentos de un equipo de relevos a otro era como pasarse patatas calientes. Más de 20 conductores, llamados *mushers* y sus equipos participaron en el exprés perruno a Nome.

**Tormentas cegadoras**
Alaska no es un destino tropical. Casi un tercio de ella queda al norte del Círculo Ártico. En invierno las temperaturas rara vez superan los -40°C y los vientos derriban perros y trineos.

## UNA CARRERA A VIDA O MUERTE

La leyenda de *Balto* sigue viva. Desde 1973 se corre cada año la carrera Iditarod Trail Sled Dog Race de Anchorage a Nome en honor de los relevos de 1925 y los trineos de perros de Alaska. ¡Dura de 9 a 15 días y los concursantes entran en calor!



En pleno invierno ciertas partes de Alaska solo tienen 4 o 5 horas de luz diurna.



Estatua de bronce de Balto, Central Park, NY

**La recta final**
*Balto* dirigió el camino de vuelta a casa envuelto en nieve. Al final los perros estaban en las últimas. *Balto* era un héroe. ¡Se merecía un buen hueso!

MÁS INFO

Hoy muchos perros de trineo llevan patucos para proteger sus patas ✯ iditarod.com

# ISLAS DE ESPERANZA

Muchos americanos descienden de inmigrantes que anhelaban un futuro mejor. Un reguerillo de hombres, mujeres y niños llegó en la década de 1600, pero a mediados de la de 1800 se convirtió en avalancha. Para controlar el flujo, se escogió una islita del puerto de NY como estación de inmigración. Pero ¿quién pasaba el atroz examen de Ellis Island?

A principios de la década de 1900 se creó un parque infantil en el tejado del edificio principal de Ellis Island.

HOLA Y ADIÓS.

## ¿EN FORMA PARA QUEDARTE?

- ✯ No si tosías, estornudabas, resollabas o cojeabas.
- ✯ No si fallabas la prueba del "hombre del abotonador", que examinaba los ojos dando la vuelta a los párpados con una horquilla o un abotonador. ¡Ay!
- ✯ Si parecías enfermo, te marcaban con tiza azul y te mandaban a casa u hospitalizaban.

**Leyenda de las marcas de tiza:**

B = back (espalda)
E = eyes (ojos)
SC = scalp (cuero cabelludo)
C = conjunctivitis (conjuntivitis)
FT = feet (pies)
N = neck (cuello)
H = heart (corazón)
F = face (cara)

¿ESTARÁ CASADO EL FOTÓGRAFO?

## ANGEL ISLAND

Ellis Island, en la costa este de EE UU, abrió como oficina de inmigración en 1892. Tramitaba sobre todo la entrada de europeos. Angel Island, frente a la costa de San Francisco, abrió en 1910. Se llamaba la "Ellis Island del Oeste". El 97% de los emigrantes que recibía eran chinos.

**Bodas pasadas por agua**
En 1907 el *SS Baltic* zarpó hacia NY con 1000 solteras a bordo, todas en busca de esposo. Se cree que algunas se casaron en el Great Hall, antes de dejar Ellis Island. ¡Qué aplicadas!

La inmigración creció en 1907 a **1.285.349** y en 1933 (Gran Depresión) bajó a **23.068**

**Conexiones familiares**
Hoy cerca de la mitad de la población de EE. UU. tiene un familiar que llegó a Ellis Island. Eso explicaría por qué 3 millones de personas visitan su Museo de Inmigración cada año.

**El último inmigrante**
Annie Moore, una irlandesa de 14 años, fue la primera inmigrante cuya llegada se tramitó en Ellis Island. En 1954 el marino noruego Arne Peterssen fue el último. ¿Apagaría las luces?

¿ME PAREZCO A ELLA?¡

**Busca a inmigrantes famosos en Ellis Island ✯ www.ellisisland.org**

# EL REY DE LA CHOCOLATINA

La gente dice que el dinero no crece en los árboles, [illegible] pagaran con chocolate? Los aztecas [illegible] primeros en descubrir los [illegible] del árbol del cacao. Machacaban [illegible] de cacao [illegible] señor Milton Hershey [illegible] receta para dar a los americanos una chocolatina [illegible] barata que se montó un cacao.

**Maníacos de la crema de maní**
La gente creía que cubrir crema de cacahuete con chocolate era una idea propia de otro mundo. Hasta ET *el Extraterrestre* quiso llamar a casa cuando probó Reese's Pieces.

## UNA CIUDAD DE CHOCOLATE

Milton Hershey construyó una ciudad alrededor de su fábrica en Pensilvania. En Hershey hay calles con nombres como Chocolate Avenue y farolas en forma de lágrimas de chocolate, pero todo empezó en la selva con el cacao.

**Lluvia de chocolate**
El chocolate sabe divino, pero ¿puede caer del cielo? ¡Sí! En 1948, tras la Segunda Guerra Mundial, "El aviador del chocolate", un piloto estadounidense, arrojó chocolatinas desde su C-54 a los niños de la destrozada Berlín.

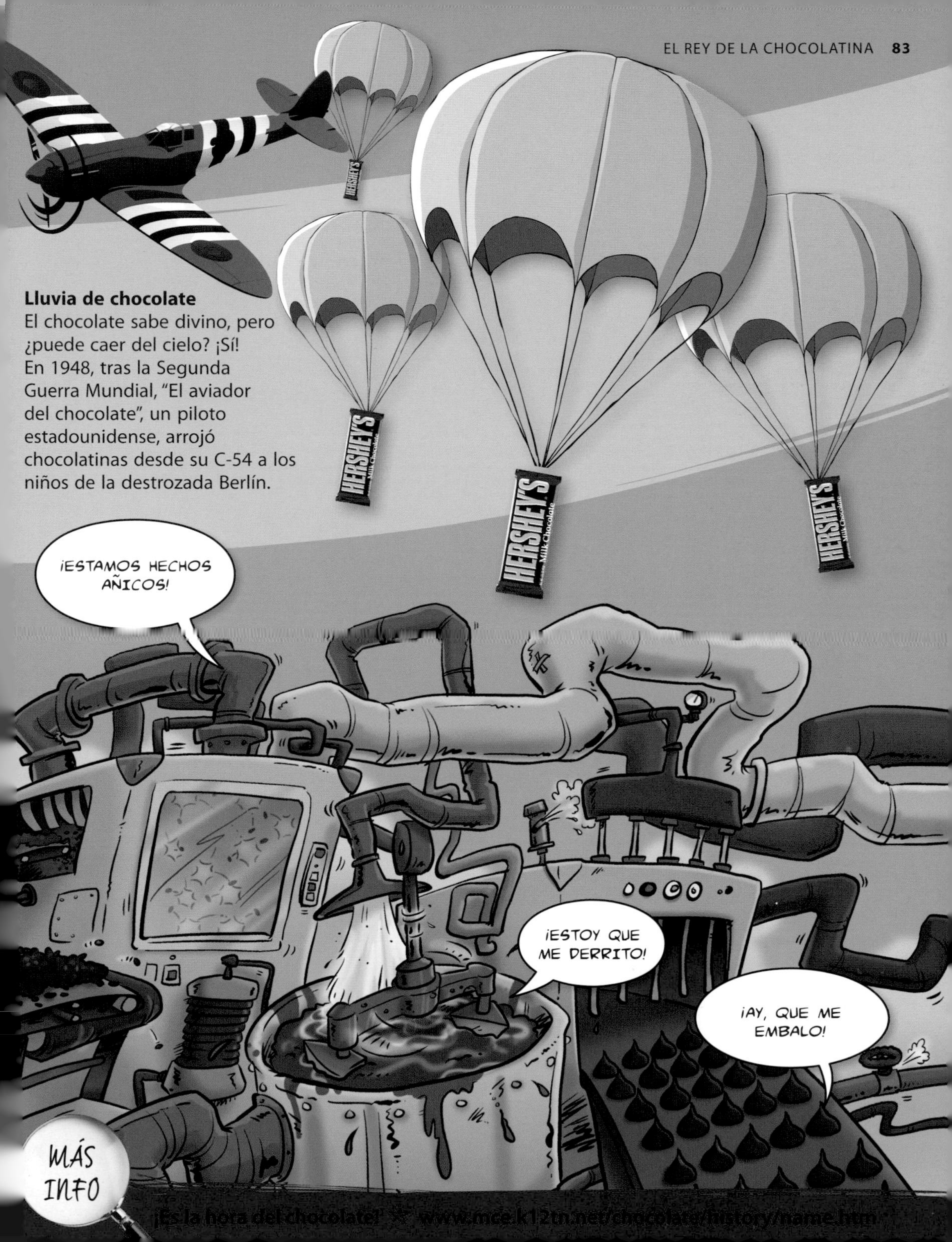


¡Es la hora del chocolate! ☆ www.mce.k12tn.net/chocolate/history/name.htm

# TORTURA TUS PAPILAS GUSTATIVAS

Cierta comida es demasiado para el cuerpo. Prueba una guindilla, por ejemplo. Un solo mordisco puede resultar fatal. La boca arde, los ojos lloran y el mejor remedio, dicen, es comer más. ¡Pero ni hablar! Otros bocados tradicionales americanos cosquillean las papilas pero no las fríen.



**El todopoderoso maní**
Cuando un americano acaba el instituto, ha comido de media 1500 sandwiches de crema de cacahuete y mermelada. Son unos maníacos de la crema de maní. ¡Cada año comen lo bastante como para cubrir el suelo del Gran Cañón!



**'¡MAÍZ-nífico!'**
Los nativos americanos llevan miles de años haciendo palomitas de maíz, ¡y cuando empezaron ni siquiera existía el cine! Algunos creían que en sus granos habitaban espíritus. Se enfadaban cuando se calentaba su casa y explotaban en nubes de vapor.

## ¡CUIDADO!

Hay más de 100 variedades de guindilla. Algunas son dulces y otras pican poco, pero varias te harán saltar hasta el techo. Y las peores suelen ser las más pequeñas. Casi todo el picante de una guindilla está en las semillas y las vetas. Así que ten cuidado y sigue estos consejos:

- Ponte guantes de goma para tocarlas.
- No te toques los ojos, la boca o la nariz tras tocarlas.
- Para refrescarte la boca, come productos lácteos con grasa, como nata agria o helado.

**Tiros por la culata**
En abril del 2012 se sirvió a los atletas de la Universidad de Kansas 2127 kg de nachos con 544 kg de alubias. ¡A nadie le gustaría estar en su retaguardia poco después!

**Armado y peligroso**
Si te ataca un oso, ¿le puedes dar una guindilla? Quizá no, pero se la puedes rociar. El *spray* de pimienta lleva la sustancia que hace que piquen los chiles.

MÁS INFO

# ¿QUIÉN ES ÓSCAR?

Los famosos van y vienen, pero los premios de la Academia viven su momento de gloria cada año, y siempre hay una estrella reluciente con la que todos quieren irse a casa: Óscar, esa figurilla en forma de caballero con una espada encima de un rollo de película. Todo el que es alguien en la industria del cine quiere echar sus zarpas sobre este chico dorado, pero él solo se va a casa con el mejor.

El nombre oficial del óscar es Premio de la Academia al Mérito.

¡AY, ESPERO QUE SHIRLEY NO ME PONGA UN TUTÚ!

**¡La mejor a los seis!**
En 1935 Shirley Temple fue la primera persona que ganó un premio Juvenil de la Academia en los Óscar por su contribución al cine. ¡Solo tenía seis años!

**Un nombre célebre**
El óscar recibió su apodo en 1931. Se rumorea que cuando una bibliotecaria de la Academia vio la estatuilla, dijo que se parecía a su tío Óscar. ¡Menos mal que su tío no se llamaba Eustaquio!

**Pisar en rojo**
La alfombra roja es parte del espectáculo. Es roja porque cuando nació el ferrocarril, una alfombra carmesí en Grand Central Station guiaba a los pasajeros ricos al tren.

**Datos vitales**
La estatuilla no alcanza los 35 cm y pesa 3,85 kg. Es de una aleación parecida al peltre cubierta de metal blanco y chapada en oro de 24 quilates.

Lee sobre la fiesta de los Óscar ✯ oscar.go.com

**Billy no tenía manos de mantequilla**
El primer encontronazo de Billy con la ley fue acerca de unas libras de mantequilla que robó a un ranchero y vendió. Solo se llevó una regañina.

BILLY 'EL NIÑO'

NOMBRE OFICIAL:
WILLIAM HENRY MCCARTY

SOBRENOMBRES:
WILLIAM H. BONNEY,
HENRY ANTRIM
Y EL NIÑO

OFICIO:
CRIMINAL

NACIMIENTO:
23 DE NOVIEMBRE
DE 1859

DEFUNCIÓN:
14 DE JULIO DE 1881

CAUSA DE LA MUERTE:
DISPARADO POR EL
SHERIFF PAT GARRETT

**Un historial manchado**
De adolescente El Niño fue arrestado por robar un saco de colada. Pasó un tiempo encerrado y al salir sí que se ensució, pues se unió a una banda de crueles asesinos.

**Un truco de manos**
El Niño era menudo y –¡sorpresa!– parecía un niño. Tenía las manos pequeñas pero las muñecas anchas. Era la pesadilla de los *sheriffs*, pues podía quitarse las esposas con facilidad.

Se han hecho más films de Billy *el Niño* que de cualquier otro fugitivo.

**Revolver revólveres**
El Niño presumía de hacer girar sus pistolas. Podía tener un revólver en cada mano y girarlos a la vez en direcciones opuestas.

MÁS INFO

**Al final el *sheriff* Pat Garrett ajustició a Billy *el Niño* ✯ www.thewildwest.org**

# EL MODERNO SALVAJE OESTE

¿Crees que el *frisbee* es moderno? Pues no. En el siglo XIX los niños que fueron al oeste con sus familias por rutas de caravanas jugaban de vez en cuando y se lanzaban discos de caca de búfalo seca. En las diligencias solo había sitio para provisiones, así que los niños tuvieron que renunciar a sus libros y juguetes. ¡Pero la caca de apuros te saca!

¡PARAD LOS CABALLOS! ¡AÚN NO HE MUERTO!

**Problemas por el camino**
Uno de cada 10 pioneros murió de camino al oeste, pero las diligencias siguieron adelante. Un "vigía" se quedaba con el moribundo, y a veces cavaba su tumba a su lado. ¡Eso despierta a un muerto!

## REVÓLVERES REVOLTOSOS

*Búfalo Bill* Cody creó un circo de números de montar y de tiro que dio fama al Salvaje Oeste. Una de sus estrellas fue Annie Oakley, que vestía en enaguas. Llamada "Pequeño Tiro Seguro", era una pistolera de primera que podía darle a la ceniza de un cigarro mientras alguien lo fumaba.

**Un marrón de deberes**
La caca no solo servía para lanzarla. Los niños pioneros tenían tareas y una de ellas era recoger heces de búfalo secas para encender fuego.

**Navegar con diligencia**
El oeste era salvaje y ventoso. Un pionero optimista construyó una diligencia con velas. ¡Rodó por la llanura, pero al final se estrelló!

**Más de medio millón de valientes pioneros fue al oeste en diligencia en el s. XIX**

# LA MAGIA DE DISNEY

¿Quién iba a decir que un ratoncito causaría tanto revuelo? Incontables personajes e ideas innovadoras salieron de la ingeniosa mente de Walter Elias Disney, pero Mickey Mouse fue quien hizo de él una estrella. Disney se conoce como el "Padre de la animación", pero también podría llamarse "Padre de la imaginación". ¿Te imaginas?

¡Más de un millón de personas visitaron Disneyland en sus dos primeros meses!

**Un sueño temático**
Walt necesitaba un sitio donde poner a tantos personajes. En 1955 inauguró Disneyland, un parque temático en el sur de California. Hoy hay 11 parques Disney. ¡Qué montón de tazas y platitos!

ESTA BOLSITA DE TÉ SE QUEDA PEQUEÑA.

Walt hizo primero los dibujos Laugh-O-Grams en su cobertizo.

**¿Mortimer Mouse?**
Walt soñó con Mickey Mouse en un viaje en tren en 1928. El ratoncillo juguetón se salvó de llamarse Mortimer por un pelo. Fue la señora Disney quien lo llamó Mickey.

**Creación animada**
En 1937 *Blancanieves y los siete enanitos* de Disney se convirtió en el primer largometraje animado de un estudio. Disney ganó un óscar especial compuesto por una estatuilla grande y siete en miniatura. ¡Por suerte se "disnó" a aceptarlo!

El segundo nombre del Pato Donald es Fauntleroy. Micky Mouse no tiene segundo nombre.

**Fama perruna**
Disney también hizo películas con estrellas humanas y animales. ¡Y hasta los perros debían firmar sus contratos de Hollywood con la huella de sus patas!

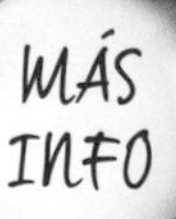

MÁS INFO

¡Walt Disney llegó a Hollywood con solo 40 dólares!

# ÍNDICE

WELCOME
TO Fabulous
LAS VEGAS
NEVADA

CALIFORNIA GOLD RUSH 1849
USA
33

ROUTE
66

HERSHEY'S
HERSHEY'S
Milk Chocolate

EAT

**Créditos fotográficos y agradecimientos**

Abreviaturas s = superior; i = inferior; d = derecha; iz = izquierda; csi = centro superior izquierda; si = superior izquierda; cs = centro superior; csd = centro superior derecha; sd = superior derecha; ci = centro izquierda; c = centro; cd = centro derecha; cii = centro inferior izquierda; ii = inferior izquierda; ic = inferior centro; cid = centro inferior derecha; id = inferior derecha; f = fondo; fs = fondo superior

2id, 17cs, 20-21ic, 28ii, 28-29ic, 29id, cd, 32-33f, 36-37ci, 41id, 48ci, 58-59c, 59id, 64ci, 79id, 88cd, 89ci, 90ii, id, 93cd, cs **Alamy**; 44-45c **Bridgeman Art Library**; 2ic, 3id, 8-9ic, 9si, sd, 10id, sd, 10-11ic, 11ci, cd, 13c, 14ii, ci, sd, 19id, c, 20ii, 21cd, sd, 22ii, 22-23cs, 23id, c, 24ii, cs, 25c, ci, cd, sd, 26ci, 26-27ic, 27ci, 30sd, 30-31c, 31csd, 40ic, 41ci, 42ii, 42-43c, 46sd, 48-49c, 50-51ic, 51c, 53cs, 54ic, sd, 55ii, 56ci, 56-57c, 57id, cs, 58ii, 60ic, 60-61cs, 61id, c, ci, sd, 62-63c, 63ic, sd, 64si, 64-65c, 66-67cs, 68ic, 69sd, 70-71c, 74ic, sd, 75cd, cs, 76ci, 76-77ic, 77id, 78ii, sd, 78-79c, 79cd, 80ic, c, 81id, 82ci, 84-85c, 86ii, id, 89id, sd, 92ii, 92-93c, 93id **Corbis**; 3ic, 12sd, 13id, si, 16c, 22ci, 24cd, sd, 33id, cd, 37cs, 42id, 43id, 52c, ci, 65cd, 72sd, 82sd, 88id, 90csi, csd, 91sd, 94sd **Dreamstime**; 12ic, cs, 16ii, 16-17c, 18ci, 26sd, 27id, 38c, 39ci, 47r, 72ic, 81cd, si, 90-91c **Getty Images**; 45cd **Granger Collection**; 2ii, 3ii, 4c, 8ii, c, sd, 9cid, id, c, csd, 11id, 12csd, 13ii, ci, sd, 14id, 15f, ii, id, c, sd, 16c, l, 17id, r, 18sd, 18-19f, 20ci, 22ic, id, 23ic, ii, 26ic, sd, 27ic, 28sd, 29cs, 30ic, ii, c, 31id, sd, 32c, 33cid, si, 34ci, 35ii, id, 36ci, 36-37cs, 37id, c, 38cii, ii, sd, 39si, sd, 40c, cd, sd, 42cs, 43ic, c, 44ic, ii, 46-47ii, 48b, sd, 49ii, id, l, cs, 50ii, 50-51cs, 51id, sd, 52ic, sd, 53id, 55cs, si, sd, 56ii, 56-57cs, 57c, l, 58c, 60ci, 61cd, 62ic, ii, id, c, sd, 64cd, 65ci, cs, si, si, 66ic, cid, ci, 67ii, id, sd, 68c, cs, csd, si, 69ic, cs, csi, 70ii, id, si, sd, 72cd, 73ic, id, c, ci, cd, cs, 74c, ci, 75ci, si, 76csd, 77ii, c, cd, si, sd, 78-79f, 79si, 80id, 81ci, 83cd, si, si, 84ii, c, 85id, c, sd, 86-87f, cs, 87ii, id, 88cid, ii, c, ci, csd, 89cs, csi, 92id, c, 93si, 94ic, ic, ic, ii, id, cs, 95ic, ic, ii, id, id, cs, cs, cs, csi, si, sd **iStockphoto.com**; 21id, 22c, 29si, 44ci, 70f, 71ii, id, 85ic, 94cid **Shutterstock**; 19si **Smithsonian Air and Space Museum**; 34id **Wikipedia**.

Todos los marcos y bordes son cortesía de **iStockphoto.com** salvo 16ii, 48-49c, 56ci, 69sc, 76ci, 82ci, que son cortesía de **Shutterstock**

Los motivos que se repiten son cortesía de **iStockphoto.com**

**Ilustraciones**

Ilustraciones de cubierta de **Chris Corr**

1ic, id, 4-5l, 6ii, sd, 6-7c, 94csd **Chris Corr**; 90ic **Geri Ford/The Art Agency**; 3sd, 18-19c **MBA Studios**; 35cs, 82-83ic Dave Smith/The Art Agency; 38-39c, 39cd **Dave Tracey**. 45sd, 63si adaptadas de mapas de **Will Pringle**